Orando la Palabra

Desde el libro de Efesios

Por

L. O. Ovbije

ISBN: 978-0985702052
Copyright © 2014 by Rev. L O. Ovbije
Ovbije World Outreach Ministries, Inc.
P.O. Box 371787
Decatur, GA 30037-1787
Website: owom.org
Email: theword@owom.org

Published by SOIL Foundation, Inc.
P.O. Box 966
Clarkston, GA 30021-0966

DEDICACIÓN

Este libro está dedicado a usted, lector: Porque todo aquel que invocare será salvo el nombre del Señor. Señor Jesús, yo creo que eres el Hijo de Dios y que moriste por mis pecados, hago un llamamiento a su nombre Jesús, entra en mi corazón ahora, te recibo en mi corazón ahora, en verdad, ya ti que ya ha nacido de nuevo y la búsqueda de una relación personal con su Padre celestial a través de una vida de oración íntima. Es la oración y la unidad con la palabra, como en Hechos 2:42 y Hechos 6: 4.

Lo que este libro no es: un libro religioso, estudio de la Biblia, el libro de Teología, y la literatura Inglés.
El propósito de este libro es para darle una visión y una inspiración a una vida de oración.

Antes de continuar, declarar audazmente con su boca dice, Dios es quien dice que es, yo soy el que Dios dice que soy, Dios tengo lo que dice que tiene, tengo lo que Dios dice que tengo, Dios puede hacer lo que dice que puede hacer, no puedo hacer lo que Dios dice que puedo hacer, en Jesús decreto nombre que él, y es establecer, Amén y Amén y Amén. Gloria a Dios para siempre, Read Job 22:28

A medida que avance, ruego que se encontrará con Dios de una manera nueva y viva; Rezo para que usted nunca será el mismo, pero que lo hará siempre con hambre de oración y por la palabra de Dios, yo deseo que tú dirás la oración en voz alta, en nombre de Jesús, Amén.

AGRADECIMIENTOS

A mis padres maravillosos, Jefe J. E. Ovbije & Mrs. Margaret O. Ovbije y para mis hermanos. Mi padre fue un hombre que vivió una vida que dejó una impresión excelente y duradera en mí. Nuestra familia no sabía el significado de un hogar lleno de amor, seguro y rico debido a la presencia de mi padre. Doy gracias a Dios de la escuela primaria privada en Sapele: Guardería infantil, donde asistí. Fue allí donde me encuentro con Dios por primera vez en la oración en una edad muy temprana.

Para mi pastor preciosa y su encantadora esposa, ambos eran fuertes examen-plos de un hombre y una mujer dedicada a Dios. Tuve la suerte de tener pastor & Mrs. Umukoro, tanto a mí como discípulo. Yo les agradezco tanto su oración diaria por la mañana temprano. Para los hombres de Dios que también im-pactada mi vida de oración, WF Kumuyi y Benjamin Udi.

Finalmente a mi dulce, preciosa, maravillosa esposa Theresa Spearman Ovbije, una mujer de Dios, a quien yo llamo simplemente "cariño".

CAPÍTULO 1

1 Pablo, apóstol de Jesucristo por la voluntad de Dios, a los santos y fieles en Cristo Jesús que están en Efeso:

Padre en el nombre de Jesús, te doy gracias porque me has llamado de acuerdo a su voluntad, no de acuerdo a mi voluntad, ni según la voluntad de nadie, sino por su voluntad divina, te doy gracias porque soy fiel en Cristo Jesús y en su llamar, en nombre de Jesús, Amén.

² Gracia y paz a vosotros, de Dios nuestro Padre y del Señor Jesucristo.

Padre en el nombre de Jesús, te doy las gracias por tu gracia y la paz; Yo recibo su gracia y la paz, Padre te doy gracias porque yo vivo y camino en tu gracia y la paz, en nombre de Jesús, Amén.

³ Bendito sea el Dios y Padre de nuestro Señor Jesucristo, que nos bendijo con toda bendición espiritual en los lugares celestiales en Cristo,

Padre en el nombre de Jesús, te doy gracias por haberme bendecido con toda bendición espiritual en los lugares celestiales en Cristo. Padre te doy gracias porque no vengo detrás de cualquier don espiritual. Te amo Padre, en el nombre de Jesús, Amén.

⁴ según nos escogió en él antes de la fundación del mundo, para que fuésemos santos y sin mancha delante de él,

Padre en el nombre de Jesús, te doy gracias porque me has escogido antes de nacer en el mundo, Sí antes de la fundación del mundo, que debía vivir una vida santa y sin mancha delante de usted en el amor. Padre te doy gracias porque nunca me dirá que hacer lo que no me ha equipado para hacerlo. Padre te doy gracias por la gracia que me has dado para vivir una santa y una vida intachable. Padre, os lo recibirás en tu gracia para vivir una santa y una vida intachable, una vida que usted y glorificar a Jesucristo en todo lo que hago y decir, en nombre de Jesús, Amén.

⁵ en amor habiéndonos predestinado para ser adoptados hijos suyos por medio de Jesucristo, según el puro afecto de su voluntad,

Padre en el nombre de Jesús, te doy gracias porque me predestinado en Cristo Jesús antes de que yo nací en este mundo. Padre te doy gracias porque lo planeado mi vida antes de que yo naciera. Padre te doy gracias por el proyecto original de mi vida en la Santa Biblia, en el Espíritu Santo y en mi espíritu recreado. Padre te doy gracias porque usted lo hizo, según el puro afecto de su voluntad, no nadie va, pero su voluntad y su voluntad por sí sola, digo gracias por siempre, en nombre de Jesús, Amén.

⁶ para alabanza de la gloria de su gracia, con la cual nos hizo aceptos en el Amado,

Padre en el nombre de Jesús, te doy gracias por su aceptación de mí, por lo tanto, yo osadamente me acepto. Padre desde que me aceptaste y yo me aceptas y yo, te pido que tu gracia me guardará de la búsqueda y en busca de la aceptación de la gente, pero tu gràcia me dará la voluntad de vivir una vida que agrade a usted, ya su gloria, en nombre de Jesús, Amén.

[7] en quien tenemos redención por su sangre, el perdón de pecados según las riquezas de su gracia,

Padre en el nombre de Jesús, te doy gracias por mi redención por la sangre de Jesucristo, mis pecados son perdonados para siempre, le doy las gracias por las riquezas de su gracia. Padre en el nombre de Jesús, te doy gracias porque me niego toda culpa, condenación y vergüenza, que el diablo traerá a mí directamente o indirectamente por mis pecados pasados. Padre en el nombre de Jesús, te pido que cada vez que el diablo trae el pase a mí, en mi lugar de sentir lástima por mí mismo, que voy a señalar con el diablo a la preciosa sangre de Jesucristo que utilizó cuando me compró de mis pecados. Padre te doy gracias porque estoy siempre perdonado, en nombre de Jesús. Amen.

[8] que hizo sobreabundar para con nosotros en toda sabiduría e inteligencia,

Padre en el nombre de Jesús, te doy gracias por tu sabiduría y la prudencia que usted me reveles diaria, su plan de salvación y todo lo que usted compró para mí a través de la preciosa sangre de Jesucristo, en el nombre de Jesús, Amén.

[9] dándonos a conocer el misterio de su voluntad, según su beneplácito, el cual se había propuesto en sí mismo,

Padre en el nombre de Jesús, te doy gracias porque has hecho saber a mí el misterio de su voluntad en Cristo Jesús. Por lo tanto, te doy gracias porque no soy ignorante de su voluntad, en nombre de Jesús, Amén.

¹⁰ de reunir todas las cosas en Cristo, en la dispensación del cumplimiento de los tiempos, así las que están en los cielos, como las que están en la tierra.

Padre en el nombre de Jesús, te doy gracias porque Jesús es todo en todo. Mi vida le pertenece a él. Es en Cristo Jesús yo mi ser. Amén.

¹¹ En él asimismo tuvimos herencia, habiendo sido predestinados conforme al propósito del que hace todas las cosas según el designio de su voluntad,

Padre en el nombre de Jesús, te doy gracias porque tengo una herencia en Jesucristo y estoy predestinados conforme a su propósito y su voluntad. Por lo tanto, me rindo mi voluntad para que, ruego Padre que va a utilizar su voluntad para bautizar a mi voluntad. Rezo para que mi voluntad, se encuentra en su testamento. Sí Señor, te pido que tu voluntad, consumirá mi voluntad. Pido a Dios que Jesucristo el bautismo del Espíritu Santo y el fuego me consume, en nombre de Jesús, Amén.

¹² a fin de que seamos para alabanza de su gloria, nosotros los que primeramente esperábamos en Cristo.

Padre en el nombre de Jesús, te pido que mi vida va a diario manifestar la alabanza de su gloria. Padre te doy gracias por me dio hambre de la manifestación de su gloria en mí ya través de mí todos los días, el Padre te pido que tu gloria se manifestará en todo lo que hago en palabras y en hechos. Padre que yo mengüe diaria y usted debe aumentar a diario en mí ya través de mí, en nombre de Jesús, Amén.

¹³ En él también vosotros, habiendo oído la palabra de verdad, el evangelio de vuestra salvación, y habiendo creído en él, fuisteis sellados con el Espíritu Santo de la promesa,

Padre en el nombre de Jesús, te doy gracias porque creo que eres mi Padre celestial, Padre te doy gracias porque me confío en ti, Padre te doy gracias porque me has sellado con el Espíritu Santo de la promesa, por lo tanto, el padre le doy las gracias de que las personas enemigas y religiosas no pueden hacerme dudar de mi salvación, Padre, os doy las gracias por el bendito Espíritu Santo, Padre, os doy las gracias que el Espíritu Santo vive en mí, en nombre de Jesús, Amén.

¹⁴ que es las arras de nuestra herencia hasta la redención de la posesión adquirida, para alabanza de su gloria.

Padre en el nombre de Jesús, te doy gracias porque me diste tu Espíritu Santo cuando acepté a Jesucristo en mi corazón, Padre te doy gracias porque tu Espíritu Santo no permanece en y conmigo para siempre, Amén. Padre te doy gracias porque usted dio su Espíritu Santo para mí, para asegurarme de mi salvación y mi heredad en ti, hasta el día de la redención comprada posesión, te alabo Padre para siempre, en el nombre de Jesús, Amén y Amén.

¹⁵ Por esta causa también yo, habiendo oído de vuestra fe en el Señor Jesús, y de vuestro amor para con todos los santos,

Padre en el nombre de Jesús, te doy gracias porque no me avergüenzo del evangelio de mi Señor Jesucristo, porque es su poder para salvación a todo aquel que cree, Padre te doy gracias porque soy un creyente en Jesucristo, el Padre te doy gracias porque creo que Jesucristo murió por mis pecados, que fue sepultado por mi rebelión, y se levantó de entre los muertos para mi justificación. Padre te doy gracias porque mi fe en Jesucristo es conocido lejos, y mi amor por los creyentes en Cristo es también conocido, en nombre de Jesús, Amén.

[16] no ceso de dar gracias por vosotros, haciendo memoria de vosotros en mis oraciones,

Padre en el nombre de Jesús, te doy gracias por tu amor que usted ha puesto en el corazón de cada cristianos, Padre Ruego que son cristianos que le permitirá a su amor que hay en nosotros para manifestar el uno hacia el otro, que la gente sepa que nosotros pertenecen a usted, Padre, os ruego por hermanos en la fe, te pido que nos que son creyentes en Cristo Jesús, a orar unos por otros, en nombre de Jesús, Amén.

[17] para que el Dios de nuestro Señor Jesucristo, el Padre de gloria, os dé espíritu de sabiduría y de revelación en el conocimiento de él,

Padre en el nombre de Jesús, te agradezco que me hayan dado el espíritu de sabiduría y de revelación en el conocimiento de ustedes, recibo y vivo en la sabiduría y de revelación del conocimiento de ustedes, yo osadamente confieso que tengo el espíritu de sabiduría y de revelación en el conocimiento de Dios, el Padre te pido que le des a todo el mundo que tengo discípulo y para todos los cristianos en todo el mundo el espíritu de sabiduría y de revelación en el conocimiento de ustedes, en nombre de Jesús, Amén.

¹⁸ alumbrando los ojos de vuestro entendimiento, para que sepáis cuál es la esperanza a que él os ha llamado, y cuáles las riquezas de la gloria de su herencia en los santos,

Padre en el nombre de Jesús, te doy gracias porque te has iluminado los ojos de mi entendimiento, te doy gracias porque conozco la esperanza de vuestra vocación, y las riquezas de la gloria de su herencia en mí y los santos. Padre te doy gracias porque no soy ignorante de vuestra vocación y lo que me pertenece en Cristo Jesús, Amén.

¹⁹ y cuál la supereminente grandeza de su poder para con nosotros los que creemos, según la operación del poder de su fuerza,

Padre en el nombre de Jesús, te doy gracias por la extraordinaria grandeza de su poder hacia mí, le doy las gracias de que el mismo Espíritu que resucitó a Jesucristo de entre los muertos habita y vive en mí. Padre te doy gracias porque tu poder da la vida diaria a mi cuerpo por el Espíritu Santo que mora en mí, Padre te doy gracias porque tu poder me permitirá ser una bendición para el mundo y un problema para el diablo y todas las malas obras, me te amo Padre, en el nombre de Jesús, Amén.

²⁰ la cual operó en Cristo, resucitándole de los muertos y sentándole a su diestra en los lugares celestiales,

Padre en el nombre de Jesús, te doy gracias porque cuando usted levantó a Jesucristo de entre los muertos me levantaste de muertos también, porque yo estoy crucificado con Cristo, el Padre te doy gracias porque me has criado juntos y me hizo sentar en los lugares celestiales en Cristo Jesús, el Padre os doy las gracias de que el mismo poder que resucitó a

Cristo Jesús de entre los muertos está en mí ahora, en nombre de Jesús, Amén y Amén.

21 sobre todo principado y autoridad y poder y señorío, y sobre todo nombre que se nombra, no sólo en este siglo, sino también en el venidero;

Padre en el nombre de Jesús, te doy gracias porque Jesucristo es muy por encima de todo principado, y potestad, y potencia, y señorío, y todo nombre que se nombra, no sólo en este siglo, mas aun en el venidero: Jesús es todo en todo. Padre te doy gracias porque estoy en Cristo, Padre te doy gracias porque porque estoy en Cristo, estoy muy por encima de todo principado, y potestad, y potencia, y señorío, y todo nombre satanás-ic, y actividades satánicas, en Jesús nombre, Amén y Amén.

22 y sometió todas las cosas bajo sus pies, y lo dio por cabeza sobre todas las cosas a la iglesia,

Padre en el nombre de Jesús, te doy gracias porque has puesto todas las cosas bajo los pies de Cristo, y Cristo es la cabeza de todas las cosas a la Iglesia, el Padre te doy gracias porque ya he aceptado a Jesucristo en mi corazón, soy nacido de nuevo; Te doy gracias porque soy un miembro de su cuerpo. Padre te doy gracias porque todas las cosas están debajo de mí, Señor Jesús, te doy gracias por la autoridad que haya dado a mí, en nombre de Jesús oro, Amén.

23 la cual es su cuerpo, la plenitud de Aquel que todo lo llena en todo.

Padre en el nombre de Jesucristo, te doy gracias porque soy un miembro del cuerpo de Jesucristo. Padre te doy gracias porque nadie me puede votar fuera del cuerpo porque nadie me votó en el cuerpo, el Padre te doy gracias porque tú eres mi propio padre y yo soy su hijo, le doy las gracias que Cristo es todo en Todos, y él es mi Señor, en el nombre de Jesús, Amén y Amén.

14 Porque él es nuestra paz, que de ambos pueblos hizo uno, derribando la pared intermedia de separación,

15 aboliendo en su carne las enemistades, la ley de los mandamientos expresados en ordenanzas, para crear en sí mismo de los dos un solo y nuevo hombre, haciendo la paz,

16 y mediante la cruz reconciliar con Dios a ambos en un solo cuerpo, matando en ella las enemistades.

17 Y vino y anunció las buenas nuevas de paz a vosotros que estabais lejos, y a los que estaban cerca;

18 porque por medio de él los unos y los otros tenemos entrada por un mismo Espíritu al Padre.

CAPÍTULO 2

1 Y él os dio vida a vosotros, cuando estabais muertos en vuestros delitos y pecados,

Padre en el nombre de Jesucristo, te doy gracias por el gran precio que Jesucristo pagó para rescatarme de mis pecados, les agradezco por Jesucristo y por él me lleva con vida de pecados. Estoy muy agradecido por mi gran salvación. Estoy verdaderamente libres, en nombre de Jesús, Amén.

2 en los cuales anduvisteis en otro tiempo, siguiendo la corriente de este mundo, conforme al príncipe de la potestad del aire, el espíritu que ahora opera en los hijos de desobediencia,

Padre en el nombre de Jesús, en el pasado he vivido por mí mismo, pero ahora vivo para usted debido a su salvación que vino a mí y tu Espíritu Santo que ahora vive en mí, yo ahora vivo para ti. Mi vida te ofrezco mi gratitud por la salvación que me diste, en nombre de Jesús, Amén.

3 entre los cuales también todos nosotros vivimos en otro tiempo en los deseos de nuestra carne, haciendo la voluntad de la carne y de los pensamientos, y éramos por naturaleza hijos de ira, lo mismo que los demás.

Padre en el nombre de Jesucristo, te doy gracias por mi salvación, porque cuando yo era un pecador vivo para mí y para la carne. Pero, ahora que he nacido de nuevo, estoy eternamente agradecido, que Cristo vive en mí ya través de mí, en nombre de Jesús, Amén.

⁴ Pero Dios, que es rico en misericordia, por su gran amor con que nos amó,

Padre en el nombre de Jesucristo, te doy gracias por tu misericordia. Te doy gracias porque tu misericordia es nueva cada mañana y su misericordia es para siempre. Padre, os doy las gracias por tu gran amor que Daily Express a mí a través de Jesucristo. Padre te doy gracias porque me amas mucho, y con valentía lo que puedo decir que Dios es mi Padre y Dios no tiene nada contra mí. Padre te doy gracias porque desde que me encanta mucho y no tiene nada en contra de mí, yo me amo demasiado, y no tengo nada en contra de mí, en nombre de Jesús, Amén y Amén.

⁵ aun estando nosotros muertos en pecados, nos dio vida juntamente con Cristo (por gracia sois salvos),

Padre en el nombre de Jesucristo, te doy gracias porque por tu gran amor por mí, que envió a Jesucristo a morir por mí, mientras yo todavía estaba en mis pecados, porque tu amor por mí no va a dejar de fumar. Jesús te doy gracias por el precio que pagó por mí. Padre te doy gracias porque has subido Cristo y yo juntos. Les agradezco por su gracia salvadora. Padre, os doy las gracias por tu gracia en mi vida, me doy la misma gracia a otras personas, en nombre de Jesús. Amén.

⁶ y juntamente con él nos resucitó, y asimismo nos hizo sentar en los lugares celestiales con Cristo Jesús,

Padre en el nombre de Jesucristo, te doy gracias porque me has resucitado junto con Cristo y me sentó junto a Cristo en los lugares celestiales con Cristo Jesús. Padre os que Cristo y yo somos los principados y poderes de arriba, en el nombre de Jesús, gracias, Amen.

7 para mostrar en los siglos venideros las abundantes riquezas de su gracia en su bondad para con nosotros en Cristo Jesús.

Padre en el nombre de Jesucristo, te doy gracias porque en esta época y en siglos venideros va a mostrar las abundantes riquezas de su gracia en su bondad para conmigo y los que han nacido de nuevo, por medio de Cristo Jesús, en el nombre de Jesús, Amén .

8 Porque por gracia sois salvos por medio de la fe; y esto no de vosotros, pues es don de Dios;

Padre en el nombre de Jesucristo, te doy gracias porque fue por su gracia que he nacido de nuevo, y esta gracia es su regalo para mí y para todos los que invocan el nombre del Señor Jesucristo, Padre, os doy las gracias por su gracia, en nombre de Jesús, Amén.

9 no por obras, para que nadie se gloríe.

Padre en el nombre de Jesús, te doy gracias porque no me jacto de mis obras, pero me gloríe en ti y la gloria yo en vosotros. Padre te doy gracias por la gran salvación que me diste, en nombre de Jesús, Amén.

10 Porque somos hechura suya, creados en Cristo Jesús para buenas obras, las cuales Dios preparó de antemano para que anduviésemos en ellas.

 Padre en el nombre de Jesucristo, te doy gracias porque yo soy tu mano de obra, te doy gracias porque tú eres mi Creador, tú eres mi propio padre y yo soy su hijo. Padre te doy gracias porque me hacen temeroso y maravillosamente por ti. Padre te doy gracias porque lo planeado mi vida antes de mi llegada a la tierra. Ahora, deseo por su gracia para caminar en el plan, en nombre de Jesús, Amén.

11 Por tanto, acordaos de que en otro tiempo vosotros, los gentiles en cuanto a la carne, erais llamados incircuncisión por la llamada circuncisión hecha con mano en la carne.

Padre en el nombre de Jesús, te doy gracias por su gracia salvadora. Una vez, yo era un pecador, pero ahora soy un santo. Padre te doy gracias porque no hay ningún ser humano que es superior a mí. Tú me hiciste a tu imagen y semejanza. Padre, te doy gracias porque yo soy tu descendencia, por lo tanto, lo que es verdad de usted, es decir de mí. Padre te doy gracias porque como Jesucristo es, por lo que estoy en este mundo. Por lo tanto, yo camino alto y audaz en este mundo torcido y pervertido, como su propio hijo, en nombre de Jesús. Amén.

12 En aquel tiempo estabais sin Cristo, alejados de la ciudadanía de Israel y ajenos a los pactos de la promesa, sin esperanza y sin Dios en el mundo.

Padre en el nombre de Jesús, te doy gracias por tu gracia que me salvó. En el pasado, no tenía ninguna esperanza, pero su gracia trajo salvación y esperanza para mí. Ahora que soy salvo, yo tengo la esperanza y el bendito Espíritu Santo vive en mí, en nombre de Jesús, Amén.

13 Pero ahora en Cristo Jesús, vosotros que en otro tiempo estabais lejos, habéis sido hechos cercanos por la sangre de Cristo.

Padre en el nombre de Jesús, te doy gracias por siempre por la sangre de Jesucristo que utilizaste para mí comprar al enemigo, ahora soy su hijo, y yo soy su hijo para siempre. Padre tú eres mi propio padre y yo soy su hijo, Amén y Amén.

¹⁴ Porque él es nuestra paz, que de ambos pueblos hizo uno, derribando la pared intermedia de separación,

Padre en el nombre de Jesús, te doy gracias porque Jesús es mi paz y la tranquilidad de todos los que han nacido de nuevo, porque todos somos hijos de Dios. Padre te doy gracias porque en Cristo Jesús, no es ni Judios ni gentiles, para todos los que han aceptado a Jesucristo por la fe en la preciosa sangre de Jesucristo para la salvación sois uno en Cristo Jesús, en el nombre de Jesús, Amén y Amén.

¹⁵ aboliendo en su carne las enemistades, la ley de los mandamientos expresados en ordenanzas, para crear en sí mismo de los dos un solo y nuevo hombre, haciendo la paz,

Padre en el nombre de Jesús, te doy gracias porque abolió la antigua ley de los mandamientos y me da una nueva ley del mandamiento, que es la ley del mandamiento del amor. Padre te doy gracias por tu gracia y tu Espíritu Santo que mora en mí para siempre, lo que me da la audacia de vivir y caminar en el amor. Yo audazmente Confieso que hago todo en el amor. Amén y Amén.

¹⁶ y mediante la cruz reconciliar con Dios a ambos en un solo cuerpo, matando en ella las enemistades.

Padre en el nombre de Jesús, te doy gracias por la cruz de Jesús; Te doy gracias por mi salvación en Jesús. Te doy gracias porque cada creyente en Jesús, somos uno, en nombre de Jesús, Amén.

¹⁷ Y vino y anunció las buenas nuevas de paz a vosotros que estabais lejos, y a los que estaban cerca;

Padre en el nombre de Jesús, te doy gracias porque me amas y te aman el mundo entero, si usted ama a todo el mundo. Te doy gracias porque enviaste a Jesús para deshacer lo que el diablo le hizo a su creación. Padre, te doy gracias porque Jesucristo es el Príncipe de la Paz, y Jesucristo murió por todos, en el nombre de Jesús, Amén.

¹⁸ porque por medio de él los unos y los otros tenemos entrada por un mismo Espíritu al Padre.

Padre en el nombre de Jesús, te doy gracias porque yo soy tu hijo, porque fui a vosotros en Cristo Jesús, por tu Espíritu Santo. Padre te doy gracias porque tu Espíritu Santo siempre obliga a las personas a venir a usted, cada vez que se predica el evangelio de Jesucristo, Así, Padre, os ruego que los creyentes en Cristo serán predicar el evangelio, y no la religión o las ideas de los hombres, ni la cultura, en el nombre de Jesús, Amén.

¹⁹ Así que ya no sois extranjeros ni advenedizos, sino conciudadanos de los santos, y miembros de la familia de Dios,

Padre en el nombre de Jesús, te doy gracias porque no soy más extraño, pero su hijo para siempre. Yo pertenezco a ti y tú me perteneces, Amén.

²⁰ edificados sobre el fundamento de los apóstoles y profetas, siendo la principal piedra del ángulo Jesucristo mismo,

Padre te doy gracias por Jesucristo, que es la principal piedra del ángulo, que también es todo en todo. Padre te doy gracias porque Jesús es mi Señor, en el nombre de Jesús, Amén y Amén.

21 en ser un templo santo en el Señor;quien todo el edificio, bien coordinado, va creciendo para

Padre en el nombre de Jesús, te doy gracias porque en Cristo vivo, y nos movemos, y mi ser, en nombre de Jesús, Amén y Amén.

22 en quien vosotros también sois juntamente edificados para morada de Dios en el Espíritu.

Padre en el nombre de Jesús, te doy gracias porque tú moras en mí; mi cuerpo es tu templo. Padre te doy gracias y reconozco que soy un sacerdocio real, una nación santa el momento en que acepté a Jesucristo en mi corazón, en nombre de Jesús, Amén.

17 para que habite Cristo por la fe en vuestros corazones, a fin de que, arraigados y cimentados en amor,

18 seáis plenamente capaces de comprender con todos los santos cuál sea la anchura, la longitud, la profundidad y la altura,

19 y de conocer el amor de Cristo, que excede a todo conocimiento, para que seáis llenos de toda la plenitud de Dios.

20 Y a Aquel que es poderoso para hacer todas las cosas mucho más abundantemente de lo que pedimos o entendemos, según el poder que actúa en nosotros,

CAPÍTULO 3

1 Por esta causa yo Pablo, prisionero de Cristo Jesús por vosotros los gentiles;

Padre en el nombre de Jesús, te doy gracias porque estoy juntamente crucificado al mundo y el mundo está crucificado para mí. Padre te doy gracias porque no me enreda en los negocios de esta vida. Padre te doy gracias por siempre que sólo Jesús y él es mi Señor. Amén y Amén.

² si es que habéis oído de la administración de la gracia de Dios que me fue dada para con vosotros;

Padre en el nombre de Jesús, te doy gracias por tu inmensa gracia que trajo su salvación a mí a través de Jesucristo. Padre te doy gracias por mi salvación, Padre te doy gracias porque no puedo presumir de obras, el Padre me gloriamos de vosotros en el nombre de Jesús, Amén y Amén.

³ que por revelación me fue declarado el misterio, como antes lo he escrito brevemente,

Padre en el nombre de Jesús, te doy las gracias por la revelación de lo que soy en Cristo Jesús y la revelación de Cristo en mí la esperanza de gloria, Padre, os doy las gracias por la gracia de vivir en estos conocimientos revelación diaria, en nombre de Jesús Amén.

4 leyendo lo cual podéis entender cuál sea mi conocimiento en el misterio de Cristo,

Padre en el nombre de Jesús, te doy gracias por los conocimientos que han impactado en mí y el entendimiento de todos los días que no me das acerca de quién soy en Cristo, que Cristo es para mí, y Cristo en mí, como yo leo y medito en tu palabra todos los días, en nombre de Jesús, Amén y Amén.

5 misterio que en otras generaciones no se dio a conocer a los hijos de los hombres, como ahora es revelado a sus santos apóstoles y profetas por el Espíritu:

Padre en el nombre de Jesús, te doy gracias por tu gracia, estoy eternamente agradecido por su gracia. Padre te doy gracias porque estoy en este mundo para un momento como este, pero no de este mundo, el Padre te doy gracias por tu Espíritu Santo, que me dio a luz en la plenitud de los tiempos, en nombre de Jesús, Amén y Amén.

6 que los gentiles son coherederos y miembros del mismo cuerpo, y copartícipes de la promesa en Cristo Jesús por medio del evangelio,

Padre en el nombre de Jesús, te doy gracias porque en Cristo Jesús no es sólo una carrera y una familia. Padre, te pido que los ojos de la comprensión de todos los nacidos de nuevo serán iluminados, que sepan que el diablo es el padre de racismo. Padre te doy gracias porque en Cristo Jesús, cada creyentes nacidos de nuevo son todos uno, en nombre de Jesús, Amén.

7 del cual yo fui hecho ministro por el don de la gracia de Dios que me ha sido dado según la operación de su poder.

Padre en el nombre de Jesús, te doy gracias por llamarme y cada nacer de nuevo en el ministerio de la reconciliación. Es decir, reconciliar a los pecadores para que, a través de su gracia que usted ha dado a nosotros, los creyentes en Cristo Jesús, el Padre te doy gracias por la operación eficaz de tu poder en mí y en todos los creyentes, en nombre de Jesús, Padre, os doy las gracias lo que nunca se dice a los creyentes a hacer lo que no has equiparlos para hacer, porque usted es un recto y justo Padre, en el nombre de Jesús, Amén.

8 A mí, que soy menos que el más pequeño de todos los santos, me fue dada esta gracia de anunciar entre los gentiles el evangelio de las inescrutables riquezas de Cristo,

Padre en el nombre de Jesús, te doy gracias porque por tu gracia que yo disminuya, y que debe aumentar en mi vida. Padre te doy gracias porque por tu gracia me humillo en todo lo que hago, y yo le agradezco que me exalta a su debido tiempo, el Padre te doy gracias por tu gracia y la unción de su Espíritu Santo que ha dado a mí para compartir la evangelio de Jesucristo con los no creyentes, en nombre de Jesús, Amén.

9 y de aclarar a todos cuál sea la dispensación del misterio escondido desde los siglos en Dios que creó todas las cosas;

Padre en el nombre de Jesús, te pido que la gente va a ver en mi paseo diario, la manifestación del Cristo glorificado. Padre, te pido que Cristo será glorificado en todo mi ser diaria, en nombre de Jesús oro. Amén y Amén.

¹⁰ para que la multiforme sabiduría de Dios sea ahora dada a conocer por medio de la iglesia a los principados y potestades en los lugares celestiales,

Padre en el nombre de Jesús, te doy gracias por haber revelado a todos los nacidos de nuevo su propósito de por qué Jesucristo vino, rezo todos los nacidos de nuevo demostrará este conocimiento revelado a los principados y potestades en los lugares celestiales. Padre que la oración que yo y todos los nacidos de nuevo a conocer su multiforme sabiduría, en nombre de Jesús, Amén.

¹¹ conforme al propósito eterno que hizo en Cristo Jesús nuestro Señor,

Padre en el nombre de Jesús, te doy gracias por haber revelado a mí ya todos los que han nacido de nuevo, su propósito eterno que realizó en Cristo Jesús, Señor nuestro. Padre te doy gracias porque ahora que usted ha revelado; Me comprometo por su gracia para caminar en ella, en nombre de Jesús, Amén.

¹² en quien tenemos seguridad y acceso con confianza por medio de la fe en él;

Padre en el nombre de Jesús, te doy gracias por la audacia Cristo Jesús ha impartido en mí. Padre te doy gracias porque puedo llegar a usted con valentía en cualquier momento, cualquier lugar y cualquier día a causa de la sangre preciosa de Jesucristo que utilizaste para comprar mi gran salvación. Padre te doy gracias porque no me has dado el espíritu de cobardía, sino de poder, de amor y de dominio propio. Padre te doy gracias por haberme invitado a venir a usted con valentía, les digo gracias papá, me vienen. Padre, te doy gracias porque mayor es que está en mí que el diablo y todas las fuerzas del mal en el mundo. Padre te doy gracias y me alegro de que el diablo está sujeta a mí en el nombre de Jesucristo. Padre te doy gracias porque tú y yo somos una bendición para el mundo y un problema para el diablo, en nombre de Jesús, Amén.

13 por lo cual pido que no desmayéis a causa de mis tribulaciones por vosotros, las cuales son vuestra gloria.

Padre en el nombre de Jesús, te doy gracias porque tu palabra dice en este mundo tendremos tribulación, pero que debemos tener buen ánimo, porque Jesucristo ha vencido al mundo. Padre te doy gracias porque no soy el único que siempre estás conmigo. Me regocijo en el Dios de mi salvación, porque yo sé mi Redentor vive, en nombre de Jesús, Amén y Amén.

14 Por esta causa doblo mis rodillas ante el Padre de nuestro Señor Jesucristo,

Padre en el nombre de Jesús, reconozco que tú eres el Todopoderoso, Padre, os entrego mi vida a ti, Padre te doy gracias porque usted está reinando sobre mi vida, Padre te corona con todo mi corazón, en nombre de Jesús, Amén.

15 de quien toma nombre toda familia en los cielos y en la tierra,

Padre en el nombre de Jesús, te doy gracias porque mi nombre está escrito en el libro de la vida. Te doy gracias porque toda la familia en el cielo y la tierra se nombra por su autoridad, Padre, os doy las gracias por mi nombre, en nombre de Jesús, Amén.

16 para que os dé, conforme a las riquezas de su gloria, el ser fortalecidos con poder en el hombre interior por su Espíritu;

Padre en el nombre de Jesús, te doy las gracias por las riquezas de su gloria, os doy las gracias por haberme concedido conforme a las riquezas de su gloria la fuerza con poder por su Espíritu que mora en mí, Padre te doy gracias por fortalecerme, en Jesús nombre, amen.

17 para que habite Cristo por la fe en vuestros corazones, a fin de que, arraigados y cimentados en amor,

Padre en el nombre de Jesús, te doy gracias porque Cristo no mora en mi corazón por la fe; Te doy gracias porque estoy arraigado y cimentado en el amor. Padre te doy gracias porque yo vivo en tu amor, Padre te doy gracias porque no tiene nada en contra de mí, y yo no tengo nada en contra de usted, Padre te doy gracias porque me amas con un gran amor, Padre, os gracias porque tu amor por mí no tiene ninguna condición o nada se adhieren a ella, el Padre te doy gracias porque nadie entiende su amor por mí, Padre, os doy las gracias por tu amor que puso en mi corazón para ti, para mí y para las personas , Padre te pido que no voy a permitir que la religión contamine tu amor por mí, Padre, os ruego que no voy a cuestionar su amor por mí, Padre te pido que me voy a vivir a diario en tu amor por mí, Padre te pido que lo haré diaria disfrutar de su amor por mí, Padre ruego diario afirmo con mi boca tu amor por mí, en nombre de Jesús, Amén.

18 seáis plenamente capaces de comprender con todos los santos cuál sea la anchura, la longitud, la profundidad y la altura,

Padre en el nombre de Jesús, te doy gracias por la gracia para mí ser capaz de comprender la respiración, y la longitud y la profundidad, y la altura del amor de Cristo. Oh el gran amor, el amor increíble, el amor que todo lo suficiente, el amor sin límites, el amor incondicional, el amor que nunca renunció, el amor inquebrantable, el dulce amor, el amor nunca agria, la siempre presente el amor, sí el amor de Cristo, sí, el Padre te doy gracias por el amor de Cristo, en nombre de Jesús, Amén.

¹⁹ y de conocer el amor de Cristo, que excede a todo conocimiento, para que seáis llenos de toda la plenitud de Dios.

Padre en el nombre de Jesús, te doy gracias por mi espíritu dado el conocimiento del amor de Cristo, que el conocimiento humano no puede comprender, para que yo fuese lleno con toda su plenitud. Sí, para que yo fuese lleno de toda la plenitud de Dios. Yo creo audazmente y confieso que me lleno de la plenitud de Dios. Yo audazmente creo y confieso audazmente sin temor en el nombre de Jesús, que soy quien Dios dice que soy, tengo lo que Dios dice que tengo, y puedo hacer lo que Dios dice que puedo hacer. Aleluya, alabado sea Dios por los siglos de los siglos, Amén.

²⁰ Y a Aquel que es poderoso para hacer todas las cosas mucho más abundantemente de lo que pedimos o entendemos, según el poder que actúa en nosotros,

Padre en el nombre de Jesús, te doy gracias porque tú eres mi propio padre y yo soy su hijo. Padre te doy gracias porque usted es capaz de hacer mucho más abundantemente de lo que pedimos o entendemos, según el poder que obra en mí. Padre te doy gracias porque Cristo en mí la esperanza de gloria. Padre te doy gracias porque Jesucristo es el poder y la sabiduría. Padre te doy gracias porque Cristo está en mí el trabajo de su buena voluntad en ya través de mí. Sí, puedo confiar en ti, Padre; Te doy gracias porque Cristo, que comenzó la buena obra en mí es capaz de completarlo. Padre te doy gracias porque tú eres mi propio padre, y usted y usted cuide de mí, por lo tanto, yo echo todos mis afanes, todas mis preocupaciones, todos mis dolores, todos mis problemas, mis angustias, y toda mi carece de ti, para que no se preocupa mucho por mí. Padre te doy gracias porque todo lo que tengo que hacer es pedir o pensar, de acuerdo con su palabra y que llevará a cabo por mí. Padre te doy gracias porque cualquiera que sea la situación puede ser, definitivamente me dará solución más de lo que necesitaba, porque tú eres mi propio padre y yo soy su hijo, y porque me he preguntado o pensar en el asunto, hay que concédeme la respuesta, en nombre de Jesús, Amén y Amén.

[21] a él sea gloria en la iglesia en Cristo Jesús por todas las edades, por los siglos de los siglos.
Amén.

Padre en el nombre de Jesús, os doy toda la gloria, todo el poder, todo el honor, toda la alabanza, toda la acción de gracias, todo el poder ahora y para siempre, Dios es glorificado en mí y en todos los que nacen de nuevo por la sangre preciosa del Cordero, Cristo Jesús, el Señor, a través de todas las edades, por todos los siglos, en nombre de Jesús, Amén y Amén.

CAPÍTULO 4

1 Yo pues, preso en el Señor, os ruego que andéis como es digno de la vocación con que fuisteis llamados,

Padre en el nombre de Jesús, te doy gracias porque estoy totalmente tuya, yo te pertenezco. Padre te doy gracias porque me compró con la sangre preciosa de Jesucristo, en el nombre de Jesús, Amén.

2 con toda humildad y mansedumbre, soportándoos con paciencia los unos a los otros en amor,

Padre en el nombre de Jesús, te pido que siempre voy a estar en el espíritu de mansedumbre y humildad, pero nunca de sentir o actuar inferior a cualquier uno, porque yo soy tu heredero y coheredero con Cristo Jesús. Pido a Dios que me quedaré en un largo sufrimiento por el bien del evangelio y para ser la tolerancia hacia mí, mi familia y los creyentes, en el amor de Cristo, ruego que me referiré en el amor de Dios para todos, en el nombre de Jesús, Amén y Amén.

3 solícitos en guardar la unidad del Espíritu en el vínculo de la paz;

Padre en el nombre de Jesús, te doy gracias porque por tu gracia siempre voy a buscar la paz. Le doy las gracias Padre que me dijiste en tu palabra de que yo debería seguir la paz con todo el mundo. Les agradezco que me encanta a obedecerte y yo soy su hijo obediente, por lo tanto, voy a buscar la paz y la unidad con aquellos que han nacido de nuevo, y hacia los no creyentes, en nombre de Jesús, Amén.

[4] un cuerpo, y un Espíritu, como fuisteis también llamados en una misma esperanza de vuestra vocación;

Padre en el nombre de Jesús, te doy gracias porque soy un miembro del cuerpo de Cristo. Te doy gracias porque todo lo que han nacido de nuevo son miembro del cuerpo de Cristo. Ruego que los que han nacido de nuevo caminaremos en uni-dad, para que el mundo sepa que somos hijos de Dios Altísimo; Yo audazmente Confieso que Dios me llamó; Yo audazmente Confieso que ando en unidad con los santos, sin comprometer su palabra, en nombre de Jesús, Amén.

[5] un Señor, una fe, un bautismo,

Padre en el nombre de Jesús, te doy gracias que Cristo es todo en todos. Él es la Vida que ilumina a todos, Amén. Padre te doy gracias porque Jesucristo es mi Señor, mi fe está en Jesucristo, y lo que ahora hago en vivo, lo vivo en la fe de mi Señor y Salvador Jesucristo, quien murió y dio su vida por mí. Padre te doy gracias porque yo soy bautizado en el cuerpo de Cristo el mismo momento en que acepté a Jesucristo en mi corazón, en nombre de Jesús, Amén.

[6] un Dios y Padre de todos, el cual es sobre todos, y por todos, y en todos.

Padre en el nombre de Jesús, te doy gracias porque tú eres el Dios verdadero, y no hay otro lado. Usted es el Creador del cielo y de la tierra, y todo lo que hay en él, no hay nadie a tu lado. Y usted vive en mí; Te alabo por siempre, en nombre de Jesús, Amén.

7 **Pero a cada uno de nosotros fue dada la gracia conforme a la medida del don de Cristo.**

Padre en el nombre de Jesús, te doy gracias por tu gracia que trajo su salvación para mí. Y es por tu gracia que hago vivir una vida cotidiana que es agradable a usted. Te agradezco por la gracia que me has dado para ministrar. Padre te doy gracias porque me crezco en la gracia y en el conocimiento de mi Señor Jesucristo, en nombre de Jesús, Amén.

8 **Por lo cual dice:**
Subiendo a lo alto, llevó cautiva la cautividad,
Y dio dones a los hombres.

Padre en el nombre de Jesús, te doy gracias porque Jesucristo venció al diablo y sus secuaces, cuando murió en la cruz y descendió a la parte inferior de la tierra. Jesucristo principados ya las potestades; los exhibió públicamente, triunfando sobre ellos en la cruz, Amén y Amén gloria a Dios en las alturas, para siempre más. Padre te doy gracias por los dones que me has dado, ¡Gloria a Dios para siempre, en nombre de Jesús, Amén.

9 **Y eso de que subió ¿qué es, sino que también había descendido primero a las partes más bajas de la tierra?**

Padre en el nombre de Jesús, te doy gracias porque sólo Jesucristo pagó el precio por mis pecados y los pecados de todo el mundo. Padre te doy gracias porque sólo Jesucristo venció al diablo gloriosamente y dio su victoria para mí. Padre tc doy gracias porque Jesucristo es mi Señor y Salvador, en nombre de Jesús, Amén.

10 **El que descendió, es el mismo que también subió por encima de todos los cielos para llenarlo todo.**

Padre en el nombre de Jesús, te agradezco que la salvación pertenece a solas, le doy las gracias de que Jesucristo es el único que descendió para derrotar al diablo y ascendí hasta presentar su sangre por la salvación de todo el que lo acepte tiene Señor y Salvador. Yo declaro confiadamente a los principados y potestades que Jesucristo es mi Señor y Salvador, en nombre de Jesús, Amén.

[11] Y él mismo constituyó a unos, apóstoles; a otros, profetas; a otros, evangelistas; a otros, pastores y maestros,

Padre en el nombre de Jesús, te doy gracias por los regalos que le dio al cuerpo de Cristo, cuyo miembro que soy, Padre, os doy las gracias por la gracia que se manifiestan estos dones en ya través del cuerpo de Cristo. Padre te doy gracias por la gracia y los dones que me has dado, para usar los dones para edificar y edificar el cuerpo de Cristo, cuyo miembro que soy, en nombre de Jesús, Amén.

[12] a fin de perfeccionar a los santos para la obra del ministerio, para la edificación del cuerpo de Cristo,

Padre en el nombre de Jesús, te pido que los que has dado este regalo que por tu gracia utilizará estos regalos con el propósito que le dio a ellos. Padre te pido que los regalos serán ministro de gracia y no de derecho, pido que los regalos serán ministro en el espíritu y en el espíritu, y no por la carne o de los esfuerzos humanos, en nombre de Jesús, Amén.

[13] hasta que todos lleguemos a la unidad de la fe y del conocimiento del Hijo de Dios, a un varón perfecto, a la medida de la estatura de la plenitud de Cristo;

Padre en el nombre de Jesús, te doy gracias porque ya soy yo el que vive no es, sino que es Cristo quien vive en mí, y lo que yo hago ahora vivo en la carne, lo vivo en la fe del Hijo de Dios que me ama y dio su vida por mí. Padre te pido que cada creyente en Jesucristo, le dará a Jesucristo el derecho de paso a vivir a través de ellos, para que nosotros que hemos nacido de nuevo podemos llegar a la unidad de la fe, porque es Cristo que es todo en todo, para que Los creyentes deben disminuir para que Cristo pueda aumentar en los días de nuestra vida, en nombre de Jesús, Amén.

14 para que ya no seamos niños fluctuantes, llevados por doquiera de todo viento de doctrina, por estratagema de hombres que para engañar emplean con astucia las artimañas del error,

Padre en el nombre de Jesús, te doy gracias porque me establezco en tu palabra, por lo tanto, no estoy fluctuantes, ni llevar por la doctrina del diablo. Padre en el nombre de Jesús, te doy gracias por su preciosa palabra, Padre te doy gracias porque siempre voy a rechazar cualquier doctrina que es contrario a su palabra, sin tener en cuenta que está predicando la doctrina falsa, en nombre de Jesús, Amén.

15 sino que siguiendo la verdad en amor, crezcamos en todo en aquel que es la cabeza, esto es, Cristo,

Padre en el nombre de Jesús, te doy las gracias por tu gracia en mi vida; Pido a Dios que me dé la misma gracia a otros. Pido a Dios que voy a ser lentos para hablar; Pido a Dios que voy a decir la verdad en amor, Padre, os doy las gracias por Jesucristo, quien es la cabeza del cuerpo, que es la Iglesia, en nombre de Jesús, Amén.

16 de quien todo el cuerpo, bien concertado y unido entre sí por todas las coyunturas que se ayudan mutuamente, según la ac-

tividad propia de cada miembro, recibe su crecimiento para ir edificándose en amor.

Padre en el nombre de Jesús, te pido que ande en la llamada tiene lugar en mi vida, que voy a hacer mi parte en el cuerpo de Cristo. Pido a Dios que me hago su asignación para mi vida en el cuerpo de Cristo con amor, en el nombre de Jesús, Amén.

17 Esto, pues, digo y requiero en el Señor: que ya no andéis como los otros gentiles, que andan en la vanidad de su mente,

Padre en el nombre de Jesús, te doy gracias porque soy un hacedor de la palabra, y mi mente está renovando todos los días, el Padre te doy gracias porque no vivo diario como viven los no creyentes, Padre te doy gracias porque yo soy tu luz a la no creyentes, en nombre de Jesús, Amén.

18 teniendo el entendimiento entenebrecido, ajenos de la vida de Dios por la ignorancia que en ellos hay, por la dureza de su corazón;

Padre en el nombre de Jesús, te doy gracias porque me trasladados del reino de las tinieblas a su admirable reino de la luz. En el pasado yo estaba espiritualmente ciego, pero ahora veo por mi espíritu recreado, en nombre de Jesús, el Padre os doy las gracias por usarme a diario para iluminar el camino de los creyentes para que, en nombre de Jesús, Amén.

19 los cuales, después que perdieron toda sensibilidad, se entregaron a la lascivia para cometer con avidez toda clase de impureza.

Padre en el nombre de Jesús, te doy gracias por mi salvación, porque cuando yo era un pecador Yo vivo para el diablo, pero el Padre te doy gracias por tu gran salvación que vino a mí. Ahora que soy salvo, yo vivo con audacia para usted. Te amo Padre, usted es más de mi pasado, usted es el mejor para mí, y tú siempre estás conmigo, en nombre de Jesús, Amén.

20 Mas vosotros no habéis aprendido así a Cristo,

Padre en el nombre de Jesús, te doy gracias porque en el principio era el Verbo, y el Verbo era con usted, y el Verbo era usted, la misma Palabra se hizo carne, el cual es Jesucristo. Padre te doy gracias porque me leí y estudié su Palabra, y mediante la lectura y el estudio de su Palabra, yo aprender y estudiar Jesucristo. Padre, te pido que siempre voy a ser hacedor de su Palabra, en el nombre de Jesús, Amén.

21 si en verdad le habéis oído, y habéis sido por él enseñados, conforme a la verdad que está en Jesús.

Padre en el nombre de Jesús, te doy gracias porque Jesucristo es tu Palabra, Padre te doy gracias porque al leer su palabra diaria, usted me habla de su palabra. Su palabra no me enseña todos los días, Padre, os doy las gracias por su palabra, en nombre de Jesús, Amén.

22 En cuanto a la pasada manera de vivir, despojaos del viejo hombre, que está viciado conforme a los deseos engañosos,

Padre en el nombre de Jesús, te doy gracias por tu Espíritu Santo que mora en mí y me da el poder para quitar el viejo y su manera. Padre te doy gracias por la alegría de guardar una vida de pecado, y vivir una vida que agrade a usted. Sí para vivir por su santa palabra, sí por su cada palabra, en nombre de Jesús, Amén.

23 y renovaos en el espíritu de vuestra mente,

Padre en el nombre de Jesús, te doy gracias porque tu palabra es más dulce que la miel a mi gusto; Les agradezco por la gracia de leer y medi-ate en su palabra diaria, y para hacer su palabra. Padre te doy gracias porque al leer, meditar, y hacer su palabra diaria, mi mente está siendo renovada, en nombre de Jesús, Amén.

24 y vestíos del nuevo hombre, creado según Dios en la justicia y santidad de la verdad.

Padre en el nombre de Jesús, te doy gracias por haberme dado su Espíritu Santo y su gracia, ahora es mi responsabilidad para poner en el hombre nuevo, que, por lo tanto, por la fe vestíos del nuevo hombre. Padre te doy gracias porque el justo vivirá por la fe, independientemente de cómo me siento, yo audazmente declaro que soy un hacedor de la Palabra de Dios, en el nombre de Jesús, Amén.

25 Por lo cual, desechando la mentira, hablad verdad cada uno con su prójimo; porque somos miembros los unos de los otros.

Padre en el nombre de Jesús, te doy gracias porque me puse deliberadamente, desechando la mentira, y yo salga a hablar con la verdad y para todos. Padre te doy gracias porque el obedecer es mejor que los sacrificios, Padre te doy gracias porque yo soy tu hijo obediente, en nombre de Jesús, Amén.

26 Airaos, pero no pequéis; no se ponga el sol sobre vuestro enojo,

Padre en el nombre de Jesús, te doy gracias porque por tu gracia no voy a permitir que la ira que me llevan a pecar, ruego que me indignación piadosa sólo se manifiesta, Padre Ruego que no voy a dejar que el sol se ponga sobre mi ira , Padre te pido que voy a dejar ir la ira antes de la puesta de sol, el Padre te pido que no voy a estar enojado porque no he tenido un resultado egoísta. Padre te pido que siempre voy a descartar mi espíritu, y someter mis emociones a tu palabra, en nombre de Jesús, Amén.

27 ni deis lugar al diablo.

Padre, os ruego que no voy a dar lugar al diablo, oro para que tu palabra siempre tendrá preeminencia en mi vida y en todo lo que hago, pido que voy a ser rápido para creer que su palabra, rápido para arrepentirse, y rápido para perdonar, en nombre de Jesús, Amén.

28 El que hurtaba, no hurte más, sino trabaje, haciendo con sus manos lo que es bueno, para que tenga qué compartir con el que padece necesidad.

Padre en el nombre de Jesús, te doy gracias porque dejé lo deshonesto de cualquier forma, y salgo a hacer lo que es agradable para usted y para su gloria, el Padre te doy gracias porque soy un dador, y le doy las gracias que haces suministrar toda mi necesidad, Padre te pido que no voy a ignorar a aquellos que están en necesidad, en nombre de Jesús, Amén.

29 Ninguna palabra corrompida salga de vuestra boca, sino la que sea buena para la necesaria edificación, a fin de dar gracia a los oyentes.

Padre en el nombre de Jesucristo, te pido que me limitaré a hablar lo que traerá gloria a ti, edificar y me construir, edificar y construir a la gente, el Padre en nombre de Jesús, te doy gracias por tu gracia, en el pasado I vivió la vida pecaminosa, sino que yo os doy las gracias por tu gracia que trajo la salvación para mí. Ahora que soy salvo, yo vivo para ti, y mi deseo es hablar palabras que la edificación del Cuerpo de Cristo, es decir que levantará a personas hechas a su imagen y al igual-dad, que sólo procederá de mi boca, en nombre de Jesús, Amén.

30 Y no contristéis al Espíritu Santo de Dios, con el cual fuisteis sellados para el día de la redención.

Padre en el nombre de Jesús, te pido que no voy a llorar tu Espíritu Santo, por el cual estoy sellados para el día de la redención. Pido a Dios que voy a maneras escuchar su Espíritu Santo y obedecerle, en nombre de Jesús, Amén.

31 Quítense de vosotros toda amargura, enojo, ira, gritería y maledicencia, y toda malicia.

Padre en el nombre de Jesús, me quitó toda amargura, dejé toda la ira, dejé toda ira, dejé todo clamor, y dejé todas las detracciones, dejé toda malicia: Padre, os doy las gracias por tu amor tienes pródigo en mi corazón. Padre te doy gracias porque me audazmente elijo el camino de tu forma de amar. Sí, he optado por caminar en clase de amor de Dios. Elegí a amar a todos. Elegí a amar a mis enemigos como lo hizo Jesús en la cruz, como lo hizo Esteban, elegí el camino del amor. Padre, os ruego que cuando no tengo nada bueno que decir acerca de alguien, voy a guardar silencio, rezo para que siempre voy a encontrar algo bueno para hablar de nadie, porque todo el mundo que ha creado a su imagen y semejanza, en nombre de Jesús, Amén.

32 Antes sed benignos unos con otros, misericordiosos, perdonándoos unos a otros, como Dios también os perdonó a vosotros en Cristo.

Padre en el nombre de Jesús, te doy gracias porque por tu gracia yo ando en el fruto del espíritu, por lo tanto, yo soy amable conmigo mismo y con los demás, estoy de corazón tierno, me perdono a mí mismo ya otros, como Dios también por el amor de Cristo me perdonó. Padre te doy gracias porque me amas, y porque me quieres, yo me quiere, y porque me encanta, me encanta todo el mundo, en nombre de Jesús, Amén.

29 Porque nadie aborreció jamás a su propia carne, sino que la sustenta y la cuida, como también Cristo a la iglesia,

30 porque somos miembros de su cuerpo, de su carne y de sus huesos.

31 Por esto dejará el hombre a su padre y a su madre, y se unirá a su mujer, y los dos serán una sola carne.

32 Grande es este misterio; mas yo digo esto respecto de Cristo y de la iglesia.

CAPÍTULO 5

1 Sed, pues, imitadores de Dios como hijos amados.

Padre en el nombre de Jesús, te doy gracias por tu palabra,
Padre te doy gracias porque al leer su palabra, meditar en
su palabra, y hago tu palabra todos los días, te estoy siguiendo. Padre te doy gracias porque como yo sigo a tu palabra, te estoy siguiendo, en nombre de Jesús, Amén.

**2 Y andad en amor, como también Cristo nos amó, y se entregó
a símismo por nosotros, ofrenda y sacrificio a Dios en olor fra-
gante.**

Padre en el nombre de Jesús, te pido que me andará en tu
forma de amar. Te doy gracias porque tu amor está en mi
espíritu; Deliberadamente y con valentía que tu amor en mí
tomar el control total de mi en todo lo que hago y digo, en el
nombre de Jesús, Amén.

**3 Pero fornicación y toda inmundicia, o avaricia, ni aun se
nombre entre vosotros, como conviene a santos;**

Padre en el nombre de Jesús, por el poder de su Espíritu
Santo que mora en mí, yo audazmente guardó las obras de
la carne; Me rindo con audacia para vivir una vida de pureza, en nombre de Jesús, Amén.

**4 ni palabras deshonestas, ni necedades, ni truhanerías, que no
convienen, sino antes bien acciones de gracias**

Padre en el nombre de Jesús, te doy gracias porque yo soy tuyo; Les agradezco por su Espíritu Santo que mora en mí y por el poder del Espíritu Santo, que audazmente guardé necedades, dejé palabras que no son creativos, dejé de broma que no edifica, en nombre de Jesús, Amén .

5 Porque sabéis esto, que ningún fornicario, o inmundo, o avaro, que es idólatra, tiene herencia en el reino de Cristo y de Dios.

Padre en el nombre de Jesús, te doy las gracias por mi salvación, Padre te doy gracias porque he nacido de nuevo por tu palabra, Padre te doy gracias porque tengo una herencia en el reino, el Padre te doy gracias porque a través de su gracia no lo hago vivir una vida de pecado, te doy gracias porque yo vivo por tu palabra, sí, yo vivo en la santidad y pureza, en nombre de Jesús, Amén.

6 Nadie os engañe con palabras vanas, porque por estas cosas viene la ira de Dios sobre los hijos de desobediencia.

Padre en el nombre de Jesús, te doy las gracias por su palabra, el Padre te doy gracias porque yo vivo por tu palabra, Padre te doy gracias porque no puedo ser engañado porque su palabra no permanece en mí y yo no permanece en su palabra, y usted no mantenerme del mal, en nombre de Jesús, Amén.

7 No seáis, pues, partícipes con ellos.

Padre en el nombre de Jesucristo, te doy gracias porque estoy en el mundo pero no ser del mundo. Padre te doy gracias por haberme mantenido de los pecados, en el nombre de Jesús, Amén.

8 Porque en otro tiempo erais tinieblas, mas ahora sois luz en el Señor; andad como hijos de luz

Padre en el nombre de Jesús, te doy gracias por su gracia salvadora, te doy gracias porque en el pasado yo era un pecador, pero ahora soy un santo, que estaba en la oscuridad, pero ahora que estoy en tu luz. Le doy las gracias por siempre, en nombre de Jesús, Amén.

9 (porque el fruto del Espíritu es en toda bondad, justicia y verdad),

Padre en el nombre de Jesús, te doy gracias porque he nacido de nuevo, Padre, os doy las gracias por mi salvación, Padre te doy gracias porque mi espíritu ha sido creado por el Espíritu Santo, el Espíritu ha puesto en mi espíritu su semejanza, Padre le doy las gracias por el fruto del Espíritu no manifestarse en mí ya través de mí todos los días, en nombre de Jesús, Amén.

10 comprobando lo que es agradable al Señor.

Padre en el nombre de Jesús, te doy gracias por haberme dado discernimiento. Padre te pido que me paso más tiempo en su palabra y en la oración. Ruego que I OBJETO todo a su palabra, en nombre de Jesús, Amén.

11 Y no participéis en las obras infructuosas de las tinieblas, sino más bien reprendedlas;

Padre en el nombre de Jesús, te pido que tu Espíritu Santo le mani-fest confianza en mí ya través de mí cuando me siento tentado a com-promesa. Padre te doy gracias por la gracia de resistir la tentación, y para juzgar a mí mismo por lo que no voy a juzgar por otros, en nombre de Jesús, Amén.

12 porque vergonzoso es aun hablar de lo que ellos hacen en secreto.

Padre en el nombre de Jesús, te doy gracias por la gracia que lo represente en el poder del Espíritu Santo y en la san-tidad, en medio de los incrédulos. Padre te pido que nunca voy a comprometer mi compromiso con usted cuando estoy en medio de los no creyentes o personas religiosas, en nombre de Jesús, Amén.

13 Mas todas las cosas, cuando son puestas en evidencia por la luz, son hechas manifiestas; porque la luz es lo que manifiesta todo.

Padre en el nombre de Jesús, te doy gracias porque el nombre de Jesús es sobre todo nombre, Padre, os doy las gracias por la gracia de someter todo al nombre de Jesús, sí Ruego juzgo todo por su palabra, en nombre de Jesús, Amén.

14 Por lo cual dice:
Despiértate, tú que duermes,
Y levántate de los muertos,
Y te alumbrará Cristo.

Padre en el nombre de Jesús, yo oro que siempre voy a caminar en la justicia que usted declaró que soy, te ruego que no voy a vivir en la condena, pero viven en la audacia de la justicia de Cristo Jesús, que estoy de acuerdo a su Santa Palabra, en nombre de Jesús, Amén.

15 Mirad, pues, con diligencia cómo andéis, no como necios sino como sabios,

Padre en el nombre de Jesús, te doy las gracias por su palabra, el Padre te doy gracias porque tu palabra es una lámpara a mis pies y lumbrera a mi camino, Padre, os doy las gracias de que Jesucristo es su poder y Wisdom, Padre te doy gracias porque usted hizo Cristo Jesús para mí Wisdom, Padre te doy gracias porque como me paso el tiempo en tu palabra diaria y actuar en su palabra, la sabiduría es impactado en mí, y se manifiestan a través de mí todos los días, yo osadamente decir, yo no caminar en la sabiduría de Dios, en el nombre de Jesús, Amén.

16 aprovechando bien el tiempo, porque los días son malos.

Padre en el nombre de Jesús, te doy gracias porque mi tiempo le pertenece a usted, Padre, os ruego que voy a utilizar el tiempo que me das todos los días de tu gloria en todo lo que hago en palabras y en hechos, en nombre de Jesús, Amén.

17 Por tanto, no seáis insensatos, sino entendidos de cuál sea la voluntad del Señor.

Padre, os doy las gracias en nombre de Jesús por su voluntad para mi vida, Padre te doy gracias porque tu palabra nos revela su voluntad, por lo tanto, yo no soy un ignorante de tu voluntad, Padre te doy gracias por la gracia y el amor para vivir por su palabra , en nombre de Jesús, Amén.

18 No os embriaguéis con vino, en lo cual hay disolución; antes bien sed llenos del Espíritu,

Padre en el nombre de Jesucristo, te doy gracias por el bautismo del Espíritu Santo, el Padre te doy gracias porque yo sea bautizado en el Espíritu Santo y yo no hablan en lenguas desconocidas diaria. Padre te doy gracias por llenarme con tu Espíritu Santo todos los días, el Padre te doy gracias porque como yo oro en lengua desconocida diario, estoy construyendo mi mismo en mi santísima fe, en nombre de Jesús, Amén.

19 hablando entre vosotros con salmos, con himnos y cánticos espirituales, cantando y alabando al Señor en vuestros corazones;

Padre en el nombre de Jesús, te doy las gracias por tu gracia en mi vida, te doy gracias porque tu gracia me da todos los días; salmos, con himnos y cánticos espirituales que utilizo para hablar a mí mismo, el Padre os doy las gracias por la alegría de cantar y hacer melodía en mi corazón a usted, en nombre de Jesús, Amén.

20 dando siempre gracias por todo al Dios y Padre, en el nombre de nuestro Señor Jesucristo.

Padre en el nombre de Jesús, te doy gracias porque eres el mejor Padre, Padre, os doy las gracias por su bondad hacia mí, le doy las gracias por tu gracia, te doy las gracias por su misericordia, les doy las gracias por mí y mi familia dando salud divina, os doy las gracias por darnos nuestro pan de cada día, le doy las gracias por darnos todo lo que pertenece a la vida ya la piedad, Padre, os doy las gracias de que está trabajando cada circunstancia, cada situación, cada situación, y todo por mi familia y yo bueno, más que nada le doy las gracias por tu amor incondicional por nosotros, en nombre de Jesús, Amén.

21 Someteos unos a otros en el temor de Dios.

Padre en el nombre de Jesús, te doy las gracias por su palabra, el Padre te doy gracias porque usted dijo en su palabra someten unos a los otros en el temor del Señor, Padre, os ruego por los miembros del cuerpo de Cristo, que nos caminará en la humildad, rezo para que no miramos hacia abajo en sí ni menospreciamos a nadie, yo deseo que ninguno de nosotros se verá demasiado alto de nosotros mismos, sino que vamos a presentar a la otra, en nombre de Jesús, Amén .

22 Las casadas estén sujetas a sus propios maridos, como al Señor;

Padre en el nombre de Jesús, yo oro para los cristianos las mujeres que se casan, Padre te pido que van a vivir por tu palabra, Padre te pido que sean obedientes a su palabra y no a la religión o su cultura, ruego que recibirá la revelación de que están en el mundo pero no ser del mundo. Rezo para que sepan que la presentación no es la esclavitud; Pido a Dios que les concede la gracia de hacer lo que dijo su palabra; Padre te pido que a medida que se sometan a su propio marido, que sepan que están sometiendo a tu palabra, en nombre de Jesús, Amén.

23 porque el marido es cabeza de la mujer, así como Cristo es cabeza de la iglesia, la cual es su cuerpo, y él es su Salvador.

Padre en el nombre de Jesús, te doy las gracias por la sencillez de su palabra, Padre, os ruego por esposos cristianos, que el marido va a hacer lo que su palabra dice que el marido debe hacer y la esposa a hacer lo que dice su palabra la esposa debe hacerlo, ruego que no van a compararse con ellos mismos. Padre te pido que el marido va a medirse por su palabra y no por su esposa, me orar la esposa medirá a sí misma por su palabra y no por su marido, Padre te pido que el marido va a dirigir el hogar, sometiendo a sí mismo a su santo palabra, rezo para que el marido será hacedor de la palabra y no solamente oidor, Padre, os ruego que da el marido hambre de tu palabra, oh Dios! Dar lo hambriento que su palabra sólo puede satisfacer, el padre le da también hambre de oración, en el nombre de Jesús, Amén.

24 Así que, como la iglesia está sujeta a Cristo, así también las casadas lo estén a sus maridos en todo.

Padre en el nombre de Jesús, te doy gracias por el ejemplo de la iglesia y Jesucristo que ha dado a nosotros, yo deseo que los cristianos par mirar hacia el ejemplo que ha dado a ellos en su palabra, y no mirar al mundo sistema, por ejemplo, el Padre te doy gracias porque tu palabra, dijo, como la iglesia está sujeta a Cristo, así también las casadas lo estén a sus maridos, Padre rezo las esposas estarán sujetas a sus propios maridos, y no a otros hombres, y yo rezan los esposos estarán sujeta a Cristo, en nombre de Jesús, Amén.

25 Maridos, amad a vuestras mujeres, así como Cristo amó a la iglesia, y se entregó a sí mismo por ella,

Padre en el nombre de Jesús, te doy gracias por tu Palabra que nos enseña a vivir, te doy las gracias por su palabra que enseña a los hombres casados y mujeres cristianos casados su responsabilidad en su matrimonio. Padre te pido que va a dar a los hombres la Revelación cristiana conocimiento de la relación que Jesucristo tiene con la iglesia, sí Señor, el amor incondicional de Jesús Cristo tiene por la iglesia, el Padre te pido que los hombres cristianos no van a vivir en su definición cultural de amo, pero rezo para que los hombres se amen a sus esposas con el mismo amor incondicional a Jesucristo ama a la iglesia con, en nombre de Jesús, Amén.

26 para santificarla, habiéndola purificado en el lavamiento del agua por la palabra,

Padre en el nombre de Jesús, te doy las gracias por su palabra, el Padre te doy gracias porque me estoy santificado por su palabra, les agradezco que me limpie por su palabra, el Padre te pido que hablamos su palabra el uno al otro todos los días, Padre te pido los hombres cristianos que se casan se hablen tu palabra de la vida cotidiana en la vida de sus mujeres, en nombre de Jesús, Amén.

27 a fin de presentársela a sí mismo, una iglesia gloriosa, que no tuviese mancha ni arruga ni cosa semejante, sino que fuese santa y sin mancha.

Padre en el nombre de Jesús, te pido que los hombres cristianos que están casadas hablará palabras que edifican y alentando a sus mujeres todos los días. Ruego que hablarán palabras de gracia a sus esposas. Padre te pido que los hombres cristianos casados orarán por sus mujeres todos los días, en nombre de Jesús, Amén.

28 Así también los maridos deben amar a sus mujeres como a sus mismos cuerpos. El que ama a su mujer, a sí mismo se ama.

Padre en el nombre de Jesús, en el nombre de Jesús, yo oro para conocimiento de la revelación de que el creyente está en Cristo Jesús, sí, el pie derecho, sí la posición, sí Señor, en Cristo, ruego a los ojos de los hombres salvados será iluminada saber quiénes son en Cristo Jesús, ruego que cada uno de los hombres se ama a sí mismo, así como Cristo lo ama, te ruego que cuando el hombre ama a sí mismo como Cristo lo ama, amar a su esposa como Cristo lo ama, en nombre de Jesús, Amén y Amén.

29 Porque nadie aborreció jamás a su propia carne, sino que la sustenta y la cuida, como también Cristo a la iglesia,

Padre en el nombre de Jesús, te doy gracias porque tu palabra es verdad, te mando los creyentes en Jesús, amar a su / sus vecinos como a sí mismo. Padre te pido que cada uno de nosotros que somos creyentes se amarnos a nosotros mismos con el mismo amor que tiene para cada uno de nosotros. Padre te doy gracias porque cuando nos amamos a nosotros mismos con el mismo amor con que nos amas, entonces podemos amar a los demás con el mismo amor incondicional que tiene para cada uno de nosotros. Padre te pido que todo hombre (varón realizada por usted) que es un creyente, que es casarse, les encantará su mujer (hembra hecha por usted); con el mismo amor que sientes por él, en nombre de Jesús, Amén.

30 porque somos miembros de su cuerpo, de su carne y de sus huesos.

Padre en el nombre de Jesús, te doy gracias porque somos miembros de su cuerpo, de su carne y de sus huesos, el Padre te doy gracias porque soy un miembro de su cuerpo, un miembro de su carne, y un miembro de su hueso , en nombre de Jesús, Amén.

31 Por esto dejará el hombre a su padre y a su madre, y se unirá a su mujer, y los dos serán una sola carne.

Padre en el nombre de Jesús, te pido que tu palabra tendrá entrada completa y prevalecen en los corazones de los hombres cristianos casados, que se irán y se unirá a su esposa, ruego que se ponga su palabra por encima de sus padres y la cultura. Rezo para que su palabra va a dominar su matrimonio, en nombre de Jesús, Amén.

32 Grande es este misterio; mas yo digo esto respecto de Cristo y de la iglesia.

Padre en el nombre de Jesús, pido por los creyentes en el Señor que son casarse, que les otorga el conocimiento por revelación de la relación de Cristo y la iglesia, rezo para los creyentes van a usar como ejemplo para su relación en su matrimonio y no en el mundo, por ejemplo, en el nombre de Jesús, Amén.

33 Por lo demás, cada uno de vosotros ame también a su mujer como a sí mismo; y la mujer respete a su marido.

Padre en el nombre de Jesús, te doy gracias porque tu palabra nos enseña a amarnos a nosotros mismos, el Padre te pido que cada creyente amará a su / su auto como su palabra como nos enseñó, el Padre en el nombre de Jesús, yo atado a todo espíritu religioso y la enseñanza religiosa que degradar a las personas, a los que ha creado en su imagen. Padre te pido que el hombre creyente que es casarme será amar a su esposa como a sí mismo, como Cristo lo ama incondicionalmente, ruego la reverencia y respeto a la esposa a su marido, en nombre de Jesús oro, Amén.

CAPÍTULO 6

1 Hijos, obedeced en el Señor a vuestros padres, porque esto es justo.

Padre en el nombre de Jesús, te doy gracias por mis padres naturales y espirituales. Padre te doy gracias porque soy obediente a mis padres en el Señor, en el nombre de Jesús, Amén.

2 Honra a tu padre y a tu madre, que es el primer mandamiento con promesa;

Padre en el nombre de Jesús, te doy gracias porque soy un hacedor de la palabra, por lo tanto, hago honor a mi padre y la madre, el padre le doy las gracias a mi padre y madre, en nombre de Jesús, Amén.

3 para que te vaya bien, y seas de larga vida sobre la tierra.

Padre en el nombre de Jesús, te doy gracias por tus promesas, Padre, os doy las gracias por decirme a través de su palabra lo que debo hacer para vivir una larga vida en la tierra. Padre te doy gracias por la sencillez de su palabra. Padre te doy gracias porque soy un hacedor de la palabra y yo soy su hijo obediente, le doy las gracias para una larga vida para mí en la tierra, en nombre de Jesús, Amén.

4 Y vosotros, padres, no provoquéis a ira a vuestros hijos, sino criadlos en disciplina y amonestación del Señor.

Padre en el nombre de Jesús, pido por hombres cristianos que son los padres que llevan a sus hijos con el ejemplo, el Padre te pido que conducirán en palabras y, de hecho. Rezo para que siempre recuerde que Jesucristo es su ejemplo. Rezo para que no provoquen a ira a sus hijos o el desaliento; Ruego que siempre van a alentar a sus hijos en todas las cosas que te agradan, en nombre de Jesús, Amén.

5 Siervos, obedeced a vuestros amos terrenales con temor y temblor, con sencillez de vuestro corazón, como a Cristo;

Padre en el nombre de Jesús, yo oro para los cristianos que son empleados que van a obedecer a su empleador en cosas que no contradigan su palabra, ruego que respetarán sus empleadores, ruego que nunca se sienten inferiores a sus empleadores, ya que son tus hijos, te ruego que nunca adorar a sus empleadores, ruego que hacen sus trabajos desde su corazón como a vosotros, como si fueras su empleador y que están trabajando para usted, en lugar de sus empleadores que se pueden ver, oren para que van a trabajar con alegría en su corazón, en el nombre de Jesús, Amén.

6 no sirviendo al ojo, como los que quieren agradar a los hombres, sino como siervos de Cristo, de corazón haciendo la voluntad de Dios;

Padre en el nombre de Jesús, te doy las gracias por su preciosa palabra, Padre te doy gracias porque todas las cosas están desnudas y abiertas ante sus ojos, Padre te pido que hagamos lo que hagamos en palabras o, de hecho, lo hacemos a tu gloria, en el nombre de Jesús, Amén.

7 sirviendo de buena voluntad, como al Señor y no a los hombres,

Padre en el nombre de Jesús, te doy gracias porque cualquier trabajo que hago, lo haré como vosotros, no para sí cualquiera, Padre, os doy las gracias que Jesús es mi Señor, por lo tanto, no le temo a nadie. Padre te doy gracias porque todo lo que hago con palabras o, de hecho, yo lo haré a tu gloria, en nombre de Jesús, Amén y Amén.

8 sabiendo que el bien que cada uno hiciere, ése recibirá del Señor, sea siervo o sea libre.

Padre en el nombre de Jesús, te doy las gracias por su preciosa palabra, Padre te doy gracias porque como la tierra permanece siempre habrá tiempo de siembra y cosecha, siembra y cosecha, la siembra y la cosecha. Así que Padre, te pido que en las palabras y, de hecho, que siempre voy a sembrar lo que es bueno y agradable delante de tus ojos, en nombre de Jesús, Amén y Amén.

9 Y vosotros, amos, haced con ellos lo mismo, dejando las amenazas, sabiendo que el Señor de ellos y vuestro está en los cielos, y que para él no hay acepción de personas.

Padre en el nombre de Jesús, te doy gracias porque Jesús arroja la misma sangre para todo el mundo, que la sangre que derramó era su propia sangre, por lo tanto, yo no soy superior a cualquier cuerpo y nadie es superior a mí. Yo soy lo que soy por tu gracia. Padre te doy gracias porque ha contemplo a Jesús en la Biblia todos los días, soy el cambio de gloria en gloria, en nombre de Jesús, Amén y Amén.

10 Por lo demás, hermanos míos, fortaleceos en el Señor, y en el poder de su fuerza.

Padre en el nombre de Jesús, te doy gracias porque no soy fuerte en mí mismo, yo no soy fuerte en mi intelecto, no soy fuerte en mi propio poder, pero soy fuerte en ti, soy fuerte en el poder de su fuerza, y yo soy fuerte en el poder de su palabra, te doy gracias, Padre, que me complazco en hacer tu palabra diaria. Amén y Amén.

11 Vestíos de toda la armadura de Dios, para que podáis estar firmes contra las asechanzas del diablo.

Padre en el nombre de Jesús, te doy gracias por darme toda tu armadura a poner; Me puse toda tu armadura así que voy a ser capaz de firmes contra las asechanzas del diablo. Padre te doy gracias porque no soy ignorante de las asechanzas del diablo, en nombre de Jesús, Amén.

12 Porque no tenemos lucha contra sangre y carne, sino contra principados, contra potestades, contra los gobernadores de las tinieblas de este siglo, contra huestes espirituales de maldad en las regiones celestes.

Padre en el nombre de Jesús, te doy gracias porque no tenemos lucha contra sangre y carne, Padre te doy gracias porque yo no lucho contra las personas, pero yo lucho contra principados, contra potestades, contra los gobernadores de las tinieblas de este mundo , contra huestes espirituales de maldad en las regiones celestes. Padre te pido que cuando las personas están en contra de mí, que voy a centrarme en el espíritu que está utilizando esa gente, y no centrarse en las personas. Padre te doy gracias porque Jesucristo me ha dado poder sobre todo el poder del diablo, y en el nombre de Jesucristo, yo echo fuera los demonios, Padre, os doy las gracias por el espíritu de discernimiento que me has dado a través de Jesucristo por el Espíritu Santo, en el nombre de Jesús, Amén.

13 Por tanto, tomad toda la armadura de Dios, para que podáis resistir en el día malo, y habiendo acabado todo, estar firmes.

Padre en el nombre de Jesús, te doy las gracias por toda tu armadura que me has dado, yo amablemente y con valentía lo tomo, me puse en lo que voy a ser capaz de resistir con firmeza en el día malo, y habiendo acabado todo, estar de pie, sí en nombre de Jesús yo mantengo firmemente, Padre, os doy las gracias en nombre de Jesús, Amén.

14 Estad, pues, firmes, ceñidos vuestros lomos con la verdad, y vestidos con la coraza de justicia,

Padre en el nombre de Jesús, te doy gracias porque estoy de pie en su palabra, porque yo soy un hacedor de la palabra, mis lomos ceñidos con la verdad, yo osadamente confieso con mi boca que Jesucristo es la verdad, me pongo la coraza de justicia, que con audacia confieso que soy la justicia de Dios en Cristo Jesús, en el nombre de Jesús, Amén.

15 y calzados los pies con el apresto del evangelio de la paz.

Padre en el nombre de Jesús, te doy gracias porque mis pies está listo con el apresto del evangelio de la paz, os doy las gracias por Jesucristo conciliación de mí para ti. Padre te doy gracias porque Jesucristo es mi paz, te doy gracias porque yo caminar y vivir en paz, Padre te doy gracias porque me hago predicar el evangelio de la paz, Padre te doy gracias porque me hago traer a los pecadores a Cristo, para conciliar a usted, para usted ha cometido a mí la palabra de la reconciliación, en nombre de Jesús, Amén.

16 Sobre todo, tomad el escudo de la fe, con que podáis apagar todos los dardos de fuego del maligno.

Padre en el nombre de Jesús, te doy gracias por el escudo de la fe que habéis dado a mí, Padre te doy gracias porque todo aquel que ha nacido de que vence al mundo, y esta es la victoria que vence al mundo: nuestra fe. Padre te doy gracias porque he nacido de ti, por lo tanto, soy vencedor mundo. Padre te doy gracias porque soy victorioso en este mundo actual, el padre tomo el escudo de la fe, para que voy a ser capaz de apagar todos los dardos de fuego del maligno. Padre te doy gracias porque Jesús Cristo dejó un ejemplo para mí sobre cómo responder a la tentación, ese ejemplo, es para mí hablar tu palabra al maligno, para hablar su palabra al diablo en el momento de la tentación. Padre te doy gracias porque en el momento de la tentación, voy a hablar tu palabra al maligno, en nombre de Jesús, Amén.

17 Y tomad el yelmo de la salvación, y la espada del Espíritu, que es la palabra de Dios;

Padre en el nombre de Jesús, te agradezco que me hayan dado el yelmo de la salvación, me lo puse, en el nombre de Jesús yo audazmente declaro he nacido de nuevo, que audazmente Declaro que soy la justicia de Dios en Cristo, que audazmente declaro que yo soy un hijo de Dios, yo audazmente declaro que mi nombre está escrito en el libro de la vida del Cordero, me atrevo a decir que soy quien Dios dice que soy, tengo lo que Dios dice que tengo, puedo hacer lo que Dios dice que puedo hacer. Padre me tomo la espada del Espíritu, que es su palabra, que me has dado, Padre te doy gracias porque me hago todos los días en directo por su palabra, el Padre te doy gracias porque me hago todos los días hablo su palabra a las circunstancias, condiciones y situación Jesucristo habló a los ciegos, a los enfermos, a los muertos a Lázaro, y la higuera, en nombre de Jesús, Amén

18 orando en todo tiempo con toda oración y súplica en el Espíritu, y velando en ello con toda perseverancia y súplica por todos los santos;

Padre en el nombre de Jesús, te doy gracias por mi vida de oración, Padre, os ruego que mi vida de oración diaria aumentará con el tiempo, poder y fuerza. Padre te doy gracias por el bautismo del Espíritu Santo, te doy las gracias por el Espíritu Santo que me da que hablasen todos los días a orar en lenguas desconocidas. Padre os que su comando mí ver y rezo palabra, Padre te pido que gracias al orar todos los días, que voy a ver todos los días también, en nombre de Jesús, Amén.

19 y por mí, a fin de que al abrir mi boca me sea dada palabra para dar a conocer con denuedo el misterio del evangelio,

Padre en el nombre de Jesús, pido por todos aquellos que han llamado al ministerio, que les va a conceder santa audacia para proclamar su palabra por el poder de su Espíritu Santo, en el nombre de Jesús, Amén.

20 por el cual soy embajador en cadenas; que con denuedo hable de él, como debo hablar.

Padre en el nombre de Jesús, te doy gracias porque su palabra no es un enlace, l oren para todo creyente que está siendo perseguido por la palabra amor que les concede la victoria sobre sus perseguidores, ruego que usted da a aquellos creyentes favorecen con sus perseguidores, Padre te pido que ustedes que visitaste Saulo en el camino a Damasco: visitará los que están persiguiendo a sus hijos, en nombre de Jesús, Amén.

21 Para que también vosotros sepáis mis asuntos, y lo que hago, todo os lo hará saber Tíquico, hermano amado y fiel ministro en el Señor,

Padre en el nombre de Jesús, te doy gracias por todo lo que me has enseñado en su palabra, y lo que todavía me está enseñando en tu palabra, te doy gracias por lo que me has enseñado y me sigue enseñando de su palabra a través de los demás, Padre te pido que lo que he aprendido, que voy a compartir con otros. Padre te doy gracias porque puedo compartir porque me mandaste compartirlo y que me dijo en su palabra de que estás conmigo todos los días hasta el fin de la tierra, en nombre de Jesús, Amén y Amén.

22 el cual envié a vosotros para esto mismo, para que sepáis lo tocante a nosotros, y que consuele vuestros corazones.

Padre en el nombre de Jesús, te doy gracias porque si sufrimos con Jesús, y sufrimos por causa del evangelio de nuestro Señor y Salvador, también reinaremos con Jesús Cristo, por lo tanto, el Padre te pido en el tiempo de las pruebas y tribulaciones que nos consuele nosotros mismos, y la comodidad entre sí, en nombre de Jesús, Amén y Amén.

23 Paz sea a los hermanos, y amor con fe, de Dios Padre y del Señor Jesucristo.

Padre en el nombre de Jesús, te doy gracias por tu paz y tu amor con la fe que habéis dado a mí, Padre te pido que voy a disfrutar de todos los días esta paz y amor con fe que tú me diste, en nombre de Jesús, Amén y Amén.

24 La gracia sea con todos los que aman a nuestro Señor Jesucristo con amor inalterable.
Amén.

Padre en el nombre de Jesús, te doy gracias porque me encanta mi Señor Jesucristo con amor inalterable, Padre te doy gracias por tu gracia que abunde en mí y en mí para siempre, en nombre de Jesús, el Padre te pido tu gracia sea con todos los que amar al Señor Jesucristo en sinceridad, en nombre de Jesús, Amén y Amén.

Books by SOIL Foundation, Inc. Publication

All Day God

Praying the Word From the Book of Timothy

Praying the Word From the Book of Ephesians

Resurrection from the Flood

Coaching to Completion

Tracts:

5 Things God wants you to know

Love Yourself

www.ingramcontent.com/pod-product-compliance
Lightning Source LLC
Chambersburg PA
CBHW060719030426
42337CB00017B/2918